Möglichkeiten politischer Partizipation der Migrationsgesellschaft

Sophie-Kristin Männel

GRIN

Bibliografische Information der Deutschen Nationalbibliothek:

Die Deutsche Nationalbibliothek verzeichnet diese Publikation in der Deutschen Nationalbibliografie; detaillierte bibliografische Daten sind im Internet über http://dnb.d-nb.de abrufbar.

ISBN: 9783389037768
Dieses Buch ist auch als E-Book erhältlich.

© GRIN Publishing GmbH
Trappentreustraße 1
80339 München

Druck und Bindung: Books on Demand GmbH, Norderstedt Germany
Gedruckt auf säurefreiem Papier aus verantwortungsvollen Quellen

Das Buch bei GRIN: https://www.grin.com/document/1484868

IU Internationale Hochschule GmbH

IU International University of Applied Sciences

Fernstudium

Hausarbeit

Möglichkeiten politischer Partizipation der Migrationsgesellschaft

Vorgelegt von:

Sophie-Kristin Männel

Studiengang: B.Sc. Psychologie

Fachsemester: 5

Modul: Seminar: Integration und Migration

Abgabedatum: 18.02.2022

Inhaltsverzeichnis

Abbildungsverzeichnis

1. Leben ohne Recht auf politische Mitbestimmung

2020 lebten ca. 83 Millionen Menschen in Deutschland, von denen 12,8% keine deutsche Staatsangehörigkeit vorweisen konnten (Statistisches Bundesamt, 2021). In den vergangen Jahren lässt sich zudem ein Anstieg der ausländischen Bevölkerung verzeichnen. Während sich Deutschland mitten im demografisch-migrantischen Wandel befindet, lässt sich keine Änderung in den gesetzlichen Rahmenbedingungen und der Mitwirkung an politischen Ereignissen finden. Trotz steigender Bevölkerungszahl durch Migrant*innen, bleiben Privilegien wie Wahlrecht lediglich Bürger mit einer deutschen Staatsangehörigkeit erhalten. Um diese als Migrant*in zu erhalten, bedarf es einem Mindestaufenthalt von mehreren Jahren und die Erfüllung bestimmter Voraussetzungen, während gleichzeitig die Herkunftsstaatsangehörigkeit abgelegt werden muss.

Die vorliegende Hausarbeit thematisiert die politische Partizipation von Migranten. Fokussiert werden Migrant*innen betrachtet, die durch Zuwanderung keine deutsche Staatsbürgerschaft besitzen. Ein maßgeblichen Unterschied stellt dabei die Zuwanderung aus EU- oder nicht-EU-Staaten und deren rechtliche Privilegien dar.

Diese wissenschaftliche Arbeit versucht konkret folgende Forschungsfrage zu beantworten: Welche Möglichkeit haben zugewanderte Migranten im Bereich der politischen Partizipation? Ziel ist es, die aktuelle Rechtslage, sowie Möglichkeiten politischer Partizipation aufzuzeigen. Im Fokus steht dabei die Einbürgerung, das damit verbundene Wahlrecht und Kampagnen zur Förderung der Gleichberechtigung. Auch wird der interpersonelle Aspekt migrantischer Entscheidungen fokussiert.

Zu Beginn dieser Arbeit werden die theoretischen Grundlagen und Definitionen essenzieller zum Verständnis der nachfolgenden Diskussion notwendiger Fachbegriffe dargestellt. Im Anschluss wird die Möglichkeit der Einbürgerung, sowie deren Gründe und Folgen erörtert. Darauf aufbauend wird die politische Partizipation im Bereich des Wahlrechts und Kampagnen für die Gleichberechtigung aufgezeigt. Ein Fazit und einen kurzen Ausblick der Wirkungen des demografischen Wandels beschließen die Arbeit.

2. Theoretische Grundlagen

Im folgenden Kapitel werden die Grundlagen zum Verständnis dieser Arbeit verdeutlicht. Zu Beginn wieder der Begriff der politischen Partizipation, die direkte und indirekte Partizipation die Möglichkeiten politischer Partizipation von Migrant*innen näher erläutert. Anschließen wir der Begriff der Migration und deren historisches Auskommen in Deutschland aufgezeigt.

2.1. Begriffserklärung: politische Partizipation

Partizipation bedeutet im Allgemeinen die Teilhabe an etwas. Im politischen Sinn meint es die aktive Beteiligung von Bürgern bei politischen Entscheidungsprozessen, die Einfluss auf einen selbst haben können, beispielsweise die Kommunal-, Landtags- oder Bundestagswahlen. Partizipation bietet die Möglichkeit am Prozess der politischen Willensbildung teilzunehmen, wobei sich die direkte und die indirekte Partizipation unterscheiden (Schubert, K./Klein, M., 2020).

2.1.1. Direkte Partizipation

Unter der direkten Partizipation versteht man die Teilnahme an Wahlen, um Einfluss auf das politischen Geschehen auszuüben. Man unterscheidet hierbei das aktive und das passive Wahlrecht. Unter dem aktiven Wahlrecht versteht man die Teilnahme an Kommunal-, Landtags-, Bundestags- und Europawahlen. Die Teilnahme ist per Briefwahl, oder in einem Wahllokal möglich. Beim passiven Wahlrecht nimmt der Beteiligte als Kandidat für eine Wahl teil und kann bei ausreichender Stimmzufuhr eine Vertretung in einem politischen Gremium annehmen (Wahlbrühl, U., 2021, S. 137 ff.). Voraussetzung der direkten Partizipation stellt die deutsche Staatsbürgerschaft dar, was den Zugang somit nur für bereits eingebürgerte Migrant*innen ermöglicht (Sauer, M. 2016, S. 262).

2.1.2. Indirekte Partizipation

Im Gegensatz zur direkten Partizipation ist eine politische Meinungsvertretung auch für Staatsbürger ohne deutsche Staatsangehörigkeit möglich. Im Bereich der Kommunen bieten sich hierbei Möglichkeiten der Ausländer- und Integrationsbeiräte. Auch auf Landes- und Bundesebene existieren Integrationsbeiräte, diese bestehen allerdings meist aus Wissenschaftler*innen und Vertreter*innen aus verschiedenen gesellschaftlichen Bereichen. Die Beiräte äußern sich in Gremien meist als beratende Funktion, verfügen aber auch über Entscheidungsbefugnisse und können somit aktiv auf das integrative und migrantische Geschehen einwirken. Dennoch bieten sich weitere Möglichkeiten der indirekten Partizipation für Migrant*innen. So lässt sich aus dem Grundgesetz ableiten, dass die Grundrechte, wie freie Meinungsäußerung, Versammlungsfreiheit oder das Mitwirken an demonstrativen Veranstaltungen, auch für Personen ohne deutsche Staatsangehörigkeit Gültigkeit finden. Auch durch die Beteiligung an Petitionen können Migrant*innen ihre politische Meinung vertreten, mittlerweile ist dies auch online möglich (Wahlbrühl, U., 2021, S. 137 ff.).

2.1.3. Möglichkeiten politischer Partizipation von Migranten

Neben der Unterscheidung von indirekter und direkter Partizipation hat das Herkunftsland und dessen Mitgliedschaft in der EU Auswirkungen auf die Integration in politische Entscheidungsprozesse des Migranten. Hat ein Migrant seine Staatsbürgerschaft in einem EU-Land, so besteht seit 1992 die Möglichkeit durch Art. 28 Abs. 1 S. 3 GG auf kommunaler Ebene an Wahlen teilzunehmen. Für Migranten aus Drittstaaten, also nicht EU-Ländern, bleibt dieses Recht verschlossen. Dennoch haben diese Personengruppen durch die indirekte Partizipation die Möglichkeit politische mitzubestimmen.

2.2. Begriffserklärung: Migration

Unter Migration versteht man die räumliche Verlegung des Lebensmittelpunktes einer Person. Geschieht dies innerhalb eines Landes spricht man auch von Binnenmigration. Die Bezeichnung internationale Migration bedeutet, wenn der Lebensmittelpunkt über die Staatsgrenzen hinweg verlegt wird und es zur Ansiedlung in einem anderen Land kommt. Eine Person kann aber auch lediglich einen Migrationshintergrund besitzen. Dieser liegt vor, wenn eine Person selbst oder mindestens ein Elternteil die deutsche Staatsangehörigkeit nicht durch die Geburt hat (StBA, 2020, S. 5). Aus dieser Definition heraus ergeben sich verschiedene Gruppen mit Migrationshintergrund:

- zugewanderte und nicht zugewanderte Ausländer*innen,
- zugewanderte und nicht zugewanderte Eingebürgerte,
- (Spät-)Aussiedler,
- Personen, die die deutsche Staatsangehörigkeit durch Adoption oder einem deutschen Elternteil erlangt haben,
- Kinder einer der Gruppen, die durch Geburt die deutsche Staatsangehörigkeit erhalten haben (StBA, 2020, S. 5).

Zu der Gruppe der Ausländer*innen zählen jegliche Menschen, welche nicht im Sinne des Art. 116 Abs. 1 GG als Deutscher definiert sind. Angehörig sind dieser Gruppe zudem Staatenlose und Personen mit ungeklärter Staatsangehörigkeit.

Im gesellschaftlichen Kontext wird Migration meist mit Flucht oder Arbeit assoziiert, doch gibt es weitere Formen von Migration. Durch die staatenübergreifende Möglichkeit mit Zugang zu Bildung, kann Migration auch aus Gründen der Erweiterung schulischer, akademischer oder beruflicher Qualifikationen geschehen. Auch Heirats- und Liebeswanderung, Gesellenwanderung oder Entsendungen zählen zur den verschiedenen Formen von Migration (Oltmer, J., 2016, S. 54).

2.3. Migration in Deutschland ab 1990

Schon immer lassen sich Migrationsbewegungen auf der ganzen Welt verzeichnen. In diesem Kapitel wird kurz die Mirgationsbewegung in Deutschland ab 1990 zusammengefasst.

Als entscheidendes historisches Ereignis für die Möglichkeit der Migrationsbewegung ab 1989/90 gilt das Öffnen des „eiserenen Vorhangs" und somit der Zusammenbruch der Sowjetunion.[1] Somit gewann die beschränkte Ost-West-Wanderung wieder vermehrt an Bedeutung (Oltmer J., 2016, S.71). Durch das Ende konnten die Staaten, die unter Einfluss der ehemaligen Sowjetunion standen, Selbstständigkeit und Abhängigkeit ausüben, was eine Migrationsbewegung aus den östlichen und südöstlichen Ländern zur Folge trug. Bevor sich dies in den südöstlichen Ländern durchsetzte, gab es drei zentrale Wege für Migranten in die west- und mitteleuropäischen Staaten zu gelangen. Die Flucht aus dem Herkunftsland, illegale wie auch legale Arbeitsmigration und konnationale Migration (Oltmer J., 2016, S.85).

In den folgenden Jahren popularisierte sich auch zunehmend der Bereich der Arbeitsmigration aus Polen. Durch die staatliche Einigung und günstigen Konditionen war eine Arbeit in Deutschland lohnend. Als 1991 in Jugoslawien der Krieg ausbrach, suchten viele tausende Menschen Schutz und

---

[1] Der Begriff „eiserner Vorhang" wird als Synonym zum kalten Krieg, bzw. dem Ost-West-Konflikt verwendet, welcher in der zweiten Hälfte des 20. Jahrhunderts innen- und außenpolitische Auswirkungen hatte und Migrationsbewegungen kaum möglich machte(Oltmer, J., 2016)

Asyl in Deutschland, was die Migrationsbewegung wieder ankurbelte. Dennoch verblieben viele Migrant*innen nur temporär und Deutschland und siedelten im Laufe der Zeit wieder um oder kehrten in ihr Heimatland zurück. Auch ungefähr 3 Millionen Spätaussiedler auf den ehemaligen Staaten der Sowjetunion kamen in den 90er Jahren wieder zurück nach Deutschland. Mit der Erweiterung der EU und der neuen Gesetzeslage war die Einreise sowie der Aufenthalt in Deutschland für Migrant*innen leichter möglich. Stark stieg die Migrationsbewegung mit Beginn des Bürgerkriegs in Syrien an, indem mehrere Millionen Asylsuchende zuwanderten (Wahlbrühl, U., 2021, S. 136 f.).

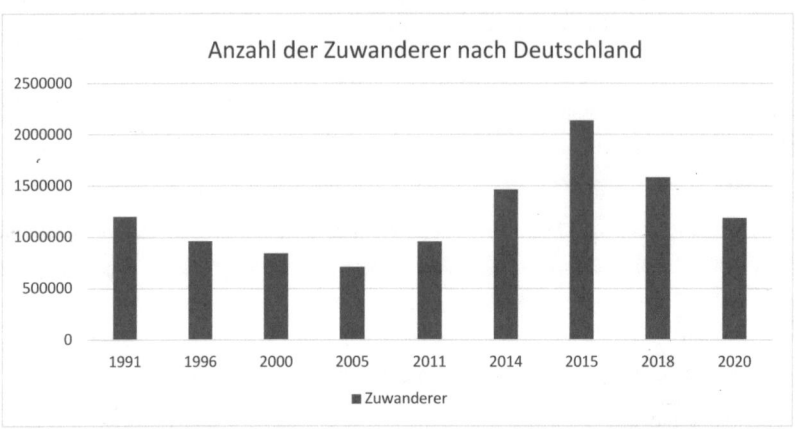

Abbildung 1: Zuwanderung in Deutschland (Quelle: Eigene Darstellung in Anlehnung an StBA, 2021)

In dem Diagramm zeigt sich, dass nach der deutschen Einigung und dem Zerbrechen der Sowjetunion 1991 eine Zuwanderung von 1.198.978 Menschen nach Deutschland verzeichnet wurden. Im Verlauf sanken die Zahlen, bis ab 2011 wieder vermehrt Zuwander*innen, Migrant*innen und Ausländer*innen nach Deutschland kamen. Mit Kriegsbeginn in Syrien erreichte Deutschland mit 2.136.954 Zuwander*innen 2015 einen Höchststand seit 1991.

Der geringe Anteil von Zuwander*innen im Jahr 2020, trotz aktueller Flüchtlingssituation, lässt sich auf Beschränkungen und Grenzschließungen durch die Covid-19-Pandemie zurückführen. Diese ermöglichte 2020 Schutzsuchenden und Migrant*innen kaum eine Einreisemöglichkeit nach Deutschland und erschwerte die Einreise durch bestehende Schutzmaßnahmen.

3. Einbürgerung

2020 fanden 109.880 erfolgreiche Einbürgerungsverfahren statt (Statista, 2022). Die Einbürgerung dient dem Erwerb der Staatsangehörigkeit des Aufnahmelandes. Die dafür notwenigen Anforderungen variieren zu jedem Land. So trat 2000 in Deutschland die Reform der Staatsangehörigkeit in Kraft, welche die Mindestaufenthaltsdauer von 15 Jahre auf acht Jahre herabsetzte, das Geburtsortprinzip eingeführt wurde und der Zugang zur Einbürgerung erweitert wurde (Sauer, M. 2016, S.262). Im folgenden Kapitel wird der deutsche Einbürgerungsprozess, die Gründe einer Einbürgerung, sowie die Folgen für den Migranten näher erläutert.

3.1. Gesetzliche Grundlagen

Die Einbürgerung von Migrant*innen unterliegt einigen rechtliche Bedingungen. Grundsätzlich ist nach § 37 Staatsangehörigkeitsgesetz die eigenständige Antragsstellung möglich. Für Familienmitglieder unter 16 Jahren ist eine Antragstellung über die Erziehungsberechtigten möglich.

Den Antrag auf Einbürgerung kann der Migrant bei der für ihn zuständigen Einbürgerungsbehörde stellen. Die Dauer des Verfahrens beträgt im Durchschnitt 14 Monate, wobei über die Hälfte der Verfahren bereits in weniger als zwölf Monate beendet wurden (Bundesamt für Migration und Flüchtlinge, 2021). Dennoch ist der Einbürgerungsprozess mit personellen und finanziellen Aufwand verbunden. So muss der Antragsteller bestimmte Voraussetzungen erfüllen:

- der Antragsteller muss eine Mindestaufenthaltsdauer von acht Jahren vorweisen können. In Einzelfällen ist eine Reduzierung auf sieben Jahre durch die Teilnahme an einem Integrationskurs möglich. Liegen besondere Integrationsleistungen vor, ist eine weitere Verkürzung um ein Jahr möglich.
- zum Zeitpunkt der Antragstellung besteht ein unbefristetes Aufenthaltsrecht, eine blaue Karte EU oder eine befristetes Aufenthaltsrecht, die eine Begründung für einen dauerhaften Aufenthalt nachweisen kann. Bei der blauen Karte EU handelt es sich im einen Aufenthaltstitel für Hochschulabsolvent*innen, um die dauerhafte Zuwanderung zu erleichtern und zu fördern (Bundesamt für Migration und Flüchtlinge, 2020).
- ausreichende Deutschkenntnisse, die belegen, dass sich der Migrant*in im Alltag, wie in Behörden ausreichend gut verständigen kann
- bestehen eines Einbürgerungstest, der die Kenntnisse über die Lebensverhältnisse wie auch die gesellschaftlich-rechtliche Ordnung in Deutschland abfragt. Der Test umfasst 33 Fragen mit je vier Antworten bei denen lediglich eine richtig ist. Bestanden gilt der Einbürgerungstest bei einem Ergebnis von mindestens 17 richtigen Antworten. Gilt der Test als nicht bestanden, hat der Migrant*in die Möglichkeit der Wiederholung. Eine Ausnahme zur Testnotwendigkeit besteht wenn, der Nachweis eines deutschen Schulabschluss erbracht wurde, oder die Anforderung aufgrund physischer oder psychischer Bedingungen nicht erfüllt werden können.
- Nachweis über die eigenständige Sicherung des Lebensunterhalt, ohne staatliche Hilfsmittel wie Sozialhilfe oder Arbeitslosengeld II
- es gilt den Nachweis zu erbringen, ob der Antragsteller strafrechtlich auffällig geworden ist
- ablegen der bisherigen Staatsangehörigkeit eines nicht EU-Landes (Bundesamt für Migration und Flüchtlinge, 2021).

Es steht der zuständigen Behörde zu, den Antrag abzulehnen so bald eine dieser Voraussetzungen nicht erfüllt wird. Besteht bei der Einbürgerung öffentliches Interesse, beispielsweise da der Antragsteller Profisportler ist, besteht die Möglichkeit der Ermessenseinbürgerung. Bei dieser kann die Behörde der Antragstellung zustimmen, auch wenn noch einige nicht Mindestanforderungen erfüllt sind (Bundesamt für Migration und Flüchtlinge, 2021).

Der Einbürgerungsprozess beinhaltet neben dem Einsetzen personeller Ressourcen die Grundlage der nötigen finanziellen Mittel. Pro volljährige Person belaufen sich die Kosten auf 255€. Für Minderjährige, welche gemeinsam mit ihren Eltern eingebürgert werden, belaufen sich die Kosten auf 51€. Findet die Einbürgerung ohne Eltern statt, belaufen sich die Kosten ebenfalls auf 255€. Zuzüglich fallen weitere Kosten für den Einbürgerungstest in Höhe von 25€ an. Im Durchschnitt liegen die Gesamtkosten bei ungefähr 500€ pro Person (Bundesamt für Migration und Flüchtlinge, 2021). Zu den Gesamtkosten zählen die Kosten in Deutschland, im Herkunftsland, Reisekosten und ggf. weitere anfallende Kosten. Wie hoch die Kosten für den Antragsteller sind ist individuelle und abhängig vom Herkunftsland.

3.2. Gründe für und gegen eine Einbürgerung

Die Entscheidung für oder gegen eine Einbürgerung sind individuell und abhängig von Herkunftsland. So haben Migranten aus EU-Länder auch ohne Einbürgerung mehr Rechte in Deutschland und somit andere Gründe als Migranten aus nicht EU-Ländern. Welche Folgen eine Einbürgerung hat ist ungefähr einem Viertel der Migrant*innen dennoch nicht bewusst. So realisiert laut der BAMF-Studie ungefähr ein Viertel erst später, dass für eine Einbürgerung die Ablegung der ursprünglichen Staatsangehörigkeit notwendig ist (Weinmann M. et al, 2012, S.9). Auch beeinflussen die Informationsquellen die Entscheidung für oder gegen eine Einbürgerung. Als meist genutzte Quelle gilt die Staatsangehörigkeitsbehörde, gefolgt von Internetquellen und Familie und Bekannten (Weinmann M. et al. 2012, S.169).

Ein Grund für eine Einbürgerung ist bei dem Großteil der Migranten die rechtliche Gleichstellung mit Deutschen. Somit erhalten Eingebürgerte zum Beispiel das Privileg an Bundes-, Landes- und Kommunalwahlen teilzunehmen. Aber auch die Vorteile einer EU-Bürgerschaft haben bei Migranten einen signifikant höheren Stellenwert. Für Männer bietet sich die Möglichkeit den Wehrdienst im Herkunftsland zu umgehen, wobei dies eher als Vorteil der jüngeren Generation gesehen wird. Allerdings gelten auch emotionale Ebenen als Grund für eine Einbürgerung. So beantragen mehr Migrant*innen eine Einbürgerung, wenn sich diese mit Deutschland verbunden fühlen und es als ihr Land betrachten, in dem sie sich heimisch fühlen. Aber auch das Gefühl der Sicherheit spielt bei einigen Antragstellern eine wichtige Rolle. So haben diese ohne Einbürgerung die Befürchtung in ihr Herkunftsland zurückzumüssen oder keinen Schutzmaßnahmen zu unterliegen (Weinmann M. et al., 2012, S. 240 ff.).

Obwohl viele Gründe für eine Einbürgerung sprechen, sind sich einige Migranten unsicher, oder lehnen eine Einbürgerung ab. Vor allem Migrant*innen aus EU-Ländern haben ohne deutsche Staatsbürgerschaft weiterhin viele Rechte und sind in ihrem Handeln und der Partizipation kaum eingeschränkt. In der Studie von Weinmann et al. (2012, S.8) sehen 68% ihren Aufenthalt in Deutschland durch eine unbefristete Aufenthaltsgenehmigung als gesichert an. Als wichtigen Grund gegen eine Einbürgerung gilt das Ablegen der bisherigen Staatsangehörigkeit des Herkunftslandes. Neben persönlichen Gründen, da dennoch eine Verbundenheit zum Herkunftsland besteht, oder eine weitere politische Mitbestimmung erwünscht ist, können auch Unsicherheit und Angst ein Grund sein. Zur Ablegung der Staatsangehörigkeit muss der Migrant*in Kontakt mit den zuständigen Behörden aufnehmen. Dies kann geprägt sein von der Angst möglicher Konflikte oder Reaktionen mit den Behörden, wie auch der Angst möglicherweise bei Einreise in das Herkunftsland nicht mehr zurückzukommen. Auch bestehen laut Weinmann M. et al. (2012, S.7) Probleme beim Zusammentragen notwendiger Entlassungsunterlagen. Ein weiterer Grund ist die Sorge um möglicherweise hohe anfallende Kosten der Einbürgerung, wobei mithilfe einer Einzelfallentscheidung der Behörde eine Ratenzahlung oder Reduzierung der Kosten möglich sind. Als Voraussetzung der Einbürgerung muss der Migrant einen Sprach- wie auch Einbürgerungstest bestehen. Unsicherheit im Sprachgebrauch, wie auch im Allgemeinwissen, in Kombination mit der Vorstellung der Schwere des Testes schrecken vor deren Teilnahme ab. Aus Angst des Versagens und negativer Einstellung gegenüber den Anforderungen lehnt der Migrant den gesamten Prozess mit Chance auf Einbürgerung ab (Weinmann M. et al., 2012, S. 253 f.).

3.3. Folgen einer Einbürgerung für Migranten

Die Folgen der Einbürgerung und somit das Erlangen der deutschen Staatsangehörigkeit bieten Migrant*innen viele Vorteile in ihrem Leben in Deutschland. So ermöglicht es ihnen an Wahlen auf Bundes-, Landes- und Kommunal- und Europaebene teilzunehmen, sich selbst aktiv in politischen Ämtern zu engagieren oder berufliche Tätigkeiten nachzugehen, welche eine deutsche Staatangehörigkeit voraussetzen. Vor allem im politischen Sektor bedarf es bei der Berufsausübung eine deutsche Staatsangehörigkeit. Nachweis über diese ist zu erbringen, wenn man Beamter werden möchte, oder das Land in anderen Ländern als Botschafter repräsentiert. Außerdem besteht die freie Wahl des Aufenthalts, Wohnsitzes und Arbeitsplatzes in Deutschland und weitere EU-Ländern. Des Weiteren ermöglicht die Staatsangehörigkeit einen gesicherten Aufenthaltsstatus und diplomatischen Schutz im Ausland. Auch wird die Verbundenheit zu Deutschland erhöht wahrgenommen (Weinmann M. et al., 2012, S. 270 ff.).

Der Prozess der Einbürgerung lässt sich allerdings auch mit Integration in Verbindung bringen. Neben den demokratischen Aspekten gelten auch die verschiedenen Integrationsdimensionen als äußerst relevant. Neben strukturellen Dimensionen, die die Machtbereiche eröffnen, betrifft dies auch die gesellschaftliche Integration zwischen Mehrheits- und Minderheitsgesellschaften (Sauer, M.,2016, S. 256). Man verhindert somit die Entfremdung von Migrant*innen in den Bereichen Politik und Gesellschaft, da man ihnen mit dem Erhalt der deutschen Staatsangehörigkeit die Teilhabechance erteilt (Sauer, M.,2016, S.257).

4. Wahlrecht der migrantischen Gesellschaft

Wer sich in Deutschland an den Wahlen beteiligen möchte, muss eine deutsche Staatsangehörigkeit nachweisen. Obwohl die Zahl migrantischer Bürger in Deutschland steigt, haben diese kein Recht sich an wichtigen politischen Entscheidungen zu beteiligen.

4.1. Wahlberechtigung

Um in Deutschland an den Wahlen teilnehmen zu können müssen einige Voraussetzungen erfüllt sein, die die Person zur Teilhabe an politischen Entscheidungen befähigen. Die wichtigsten Voraussetzungen sind:

- Mindestalter von 18 Jahren und somit das Erlangen der Volljährigkeit
- gem. Art. 116 Abs. 1 GG als Deutscher gelten und somit die deutsche Staatsbürgerschaft besitzen
- seit mindestens drei Monaten den Hauptwohnsitz in Deutschland haben
- wer nicht gem. § 13 BWahlG ausgeschlossen ist

Eine Wahlberechtigung haben außerdem Deutsche im Sinne des Art. 116 Abs. 1 GG, wenn diese außerhalb Deutschlands leben, sofern sie nach Vollendung des 14. Lebensjahres mindestens drei Monate ohne Unterbrechung in Deutschland Wohnhaft waren und dies nicht länger als 25 Jahre vergangen ist. Weitere Ausnahmen gelten für Seeleute, Binnenschiffer und sich im Vollzug gerichtlich angeordneter Freiheitsentziehung befindliche Personen, sowie für andere Untergebrachte in Einrichtungen.

Sollte ein Wahlberechtigter nicht am Wahltag an der Wahl teilnehmen, kann dieser über die Möglichkeit der Briefwahl seine Stimme abgeben. Dieses Vorgehen wird unter anderem in geschlossenen Einrichtungen mit Inhaftierten oder richterlich Untergebrachten angewendet.

Es gilt zu beachten, dass in einigen Bundesländern zur Teilnahme an Kommunalwahlen bereits das Vollenden es 16. Lebensjahres ausreicht. Zu diesen zählen Berlin (§ 1 Abs. 1 Nr. 1 Landeswahlgesetz), Mecklenburg-Vorpommern (§ 7 Abs. 1 Nr. 1 KW G M-V), Schleswig-Holstein (§ 3 Abs. 1 Nr. 1 GKWG SH), Niedersachsen (§ 34 Abs. 1 Nr. 1 NGO), Nordrhein-Westfalen (§ 7 KomWG NW) und Sachsen-Anhalt (§21 Abs. 1 GO LSA).

4.2. Folgen der Wahlbeteiligung für Migrant*innen

Aus pragmatischer Sicht lässt sich durch die Teilnahme an Wahlen ein realistischeres Bild der Volksentscheidung abbilden. Nicht-Wahlberechtigte machen im Staat mehr als 10% aus, welche Wahlergebnisse teilweise stark verändern könnten. So zeigte sich auch in der Symbolwahl 2021, dass Migrant*innen eher konservative als radikalisierte Parteien wählen würden (Braun, L. T., 2021). Was mögliche Hypothesen und Ängste vor negativen politischen Entscheidungen aufgrund rechtsradikaler Parteien widerlegen kann. Interpersonell sorgt die politische Teilhabe allerdings für ein Gefühl der Integration. Angenommen von dem Land, in welchem der Mensch schon mehrere Jahre, vielleicht sogar Jahrzehnte, lebt. So ermöglicht die Wahlbeteiligung auch die Mitbestimmung und den Einsatz für politische Ziele und Entscheidungen, die Migrant*innen vorrangig betreffen (Braun, L. T., 2021). Dies kann Schwierigkeiten und Ansatzpunkte für Verbesserungen in der Integration aufzeigen. Auch das politische Interesse und das Mitwirken an Veränderungen sorgt bei Betroffenen für positive Emotionen.

4.3. Kampagnen für migrantisches Wahlrecht

Zur Unterstützung der politischer Partizipation laut deutschen Gesetz nicht Wahlberechtigter Migranten setzten sich einige Kampagnen ein, welche in diesem Kapitel näher erläutert werden sollen.

Zu einer der bekanntesten Kampagnen gehört die Organisation *„Wir wählen"*. Unabhängig von der Staatsangehörigkeit, möchten die Gründer und weitere Anhänger den Zugang zur politischen Partizipation in Form von Wahlen auch Migrant*innen ermöglichen, welche keine deutsche Staatsbürgerschaft besitzen und somit von Wahlen ausgeschlossen werden. Vertreten ist die Organisation deutschlandweit und bietet somit flächendeckend eine Möglichkeit zur Teilnahme. Seit 2017 begleitet *„Wir wählen"* den Wahlkampf und macht sich für politische Partizipation und Gleichberechtigung im Wahlrecht stark. Aufmerksam macht die Organisation mit symbolischen Wahlen. Es sollen Wahlberechtigte mit Migrationshintergrund für politische Teilhabe motiviert und Nicht-Wahlberechtigte in Form von Symbolwahlen integriert werden. Gewählt wird hierbei nach demselben Verfahren wie bei offiziellen Wahlen (Hauser, C., 2022).

Auch die Kampagne *„Nicht ohne uns 14 Prozent"* kämpft für Gleichberechtigung beim Thema Wahlberechtigung. Ziel ist die Teilnahme und die demokratische Mitbestimmung für Migrant*innen und Ausländer*innen, welche bereits seit fünf Jahren in Deutschland ansässig sind. Zentral beschreibt die Kampagne die Themenschwerpunkte der Einbürgerung sowie ihre Hürden und den politischen Wandel. Es soll eine Angleichung an die aktuelle Lage geschehen, sodass die Wahlmöglichkeit in Deutschland wie auch in anderen Ländern ohne Staatsangehörigkeit ermöglicht wird (Rezaee, O., 2021).

Für politische Gleichberechtigung engagiert sich außerdem der Verein *„DIE VIELEN"*. Die 2017 gegründete Organisation plädiert für eine solidarische, demokratische und offene Gesellschaft in Deutschland (Die Vielen, 2021). Neben weiteren Projekten wie „Dialoge Kunstfreiheit" und das „Recherche und Diskursprojekt", stellt ein zentrales Thema die Gelichberechtigung von Migranten bei Wahlen dar. 2021 forderte die Organisation mit der Kampagne „Die Parlamente der Vielen" das Wahlrecht für alle Bürger. Neben negativen Folgen der Wahlbeteiligung zukünftiger Generationen von Migrant*innen, äußert der Verein auch, dass eine bei ca. 4,5 Millionen Wählern ein rechtsextremistisches Weltbild, sowie die Verstärkung von rassistischen und nationalistischen Einstellung höhere Zuwendung erreicht. Neben Demonstrationen, Konferenzen und Aktionstagen, versucht der Verein Zugehörigkeit zu gewinnen und dadurch eine Veränderung zu erzielen (Die Vielen, 2021).

Als Zusammenschluss der Landesorganisationen kommunaler Migrations-, Ausländer- und Integrationsbeiräte gilt der *„Bundeszuwanderung- und Integrationsrat" (BZI)*. Seit der Gründung 1998 gilt der Bundeszuwanderungs- und Integrationsrat als Interessenvertretung von Menschen mit Migrationsgrund auf politischer, religiöser, ethnischer und parteiübergreifender Ebene (BZI, 2019, S. 8). Ziel ist das Beitragen zu einem friedlichen und vorurteilsfreien Zusammenleben in Deutschland. Sensibilisiert für Möglichkeiten der politischen Partizipation sollen dabei vor allem Migrant*innen werden. Auch sollen bereits Wahlberechtigte Migrant*innen motiviert werden und von ihren bestehenden Möglichkeiten öffentlichen Gebrauch machen. Neben dem Einsatz von Wahlberechtigung, vertritt der BZI weitere Kampagnen für ein gleichberechtigteres Leben in Deutschland (BZI, 2019, S. 8).

Auch weitere Kampagnen kämpfen für eine Gleichberechtigung und die Integration der Migrationsgesellschaft in politische Entscheidungen. Durch die aktuelle Digitalisierung wird zunehmend auch die Teilnahme über das Internet ermöglicht. Dies bietet sich für Migrant*innen an, welche keine Möglichkeit haben direkt vor Ort sich der Kampagne anzuschließen. Auch besteht die Möglichkeit als Nichtbetroffener die Organisationen zu unterstützen und Teil dieser Kampagnen zu werden.

5. Fazit

Ziel dieser Hausarbeit war es, die Möglichkeiten politischer Partizipation und deren Auswirkungen auf Migrant*innen zu untersuchen. Im Fokus der Überlegungen stand der Zusammenhang der Wahlberechtigung und die dafür notwendige Einbürgerung. Anhand der Resultate dieser wissenschaftlichen Arbeit gelangt man zu der Erkenntnis, dass eine Anpassung der gesetzlichen Richtlinien an den aktuellen Migrationswandel erfolgen sollte. Hervorzuheben gilt es in diesen Ansichten, dass eine weitere Förderung indirekter Partizipation als sinnvoll erachtet wird, um Migrant*innen mit in das politische Geschehen einzubeziehen, die wegen diversen Gründen nicht eingebürgert werden können. Formen indirekter Partizipation können eine motivationale Wirkung haben und aktuell Nicht-Wahlberechtigte an politische Themen und Meinungsäußerung heranführen. Als Form der Integration kann damit außerdem das Abwenden von der Politik und der Gesellschaft verhindert werden. Die Einbürgerung wie auch die Beteiligung an politischen Entscheidungsprozessen sind wichtige Aspekte im Bereich der Integration von Migrant*innen in Deutschland.

Kampagnen wie *„Wir Wählen"* oder *„Nicht ohne uns 14 Prozent"* kämpfen aktiv für eine Gleichberechtigung in Deutschland lebender Migrant*innen und Ausländer*innen, welche vom Recht der politischen Mitbestimmung ausgeschlossen sind. Des Weiteren ist eine Aufklärung über politische Mitbestimmung und Informationsübertragung an Betroffene empfehlenswert. In Studien zeigt sich, dass neben dem Nichterfüllen der Voraussetzungen für eine Einbürgerung ein großer Anteil von Migrant*innen wenig oder nicht über seine Möglichkeiten zur politischen Teilhabe informiert ist. Daraus ergibt sich, dass ein Großteil der Migrant*innen möglicherweise keine oder falsche Informationen zum Einbürgerungsprozess oder den Möglichkeiten der indirekte Partizipation hat.

Abschließend lässt sich feststellen, dass in der politischen Integration weiterhin Bedarf einer Anpassung besteht. Durch die aktuelle Kriegssituation in einigen Ländern und dem politisch-migantischen Wandel und den damit einher gehenden Folgen ist eine Zunahme von Migrant*innen in den nächsten Jahren zu erwarten. Somit steigt der Anteil der Nicht-Wahlberechtigten in Deutschland signifikant an. Hieraus ergibt sich, dass auch weiterhin eine Optimierung der politischen Partizipation von Migrant*innen notwendig ist.

Literaturverzeichnis

Bundesamt für Migration und Flüchtlinge (2020). *Blaue Karte EU: Arbeiten und leben in Deutschland. Bundesamt* für Migration und Flüchtlinge, Nürnberg.

Bundesamt für Migration und Flüchtlinge (2021). *Einbürgerung in Deutschland.* (URL: https://www.bamf.de/DE/Themen/Integration/ZugewanderteTeilnehmende/Einbuergerung/einbuergerung-node.html (letzter Zugriff: 12.02.2022)

Braun, L. T. (2021). *Ein Drittel darf nicht wählen: Fast 1000 Menschen beteiligen sich an symbolischer Bundestagswahl im Bezirk Mitte.* (URL: https://www.nd-aktuell.de/artikel/1156773.wahlberechtigte-ein-drittel-darf-nicht-waehlen.html (letzter Zugriff: 13.02.2022))

BZI – Bundeszuwanderungs- und Integrationsrat (2019). *Festschrift 20 Jahre Bundeszuwanderungs- und Integrationsrat.* (URL: https://bzi-bundesintegrationsrat.de/wp-content/uploads/2019/11/BZI-2019_festschrift-final-edit.pdf (letzter Zugriff: 13.02.2022))

Die Vielen (2021). *Die Parlamente den Vielen. Kampagne für das Wahlrecht für alle.* (URL: https://dievielen.de/der-verein/-/projekte/die-parlamente-den-vielen (letzter Zugriff: 13.02.2022))

Hauser, C. (2022). *Wir wählen: Unsere Kampagne.* (URL: https://wir-wählen.org/#Wahlrecht (letzter Zugriff: 13.02.2022))

Oltmer, J. (2016). *Europäische und deutsche Migrationsverhältnisse im 19. Und 20. Jahrhundert.* In: Brinkmann H. U./Sauer M. (Hrsg.): Einwanderungsgesellschaft Deutschland. Entwicklung und Stand der Integration. Springer, Wiesbaden.

Rezaee, O. (2021). *Das Wahlrecht als deutsches Privileg. Eine Initiative fordert, dass alle Menschen, die in Deutschland leben, an Wahlen teilnehmen* (URL: https://www.nd-aktuell.de/artikel/1156063.nicht-ohne-uns-prozent-das-wahlrecht-als-deutsches-privileg.html (letzter Zugriff: 13.02.2022))

Schubert, K. & Klein, M. (2020). *Das Politiklexikon.* 7. Ausgabe. Dietz, Bonn

Statista (2022). *Einbürgerung von Ausländern bis 2020* (URL: https://de-statista-com.pxz.iubh.de:8443/statistik/daten/studie/159084/umfrage/einbuergerung-von-auslaendern/ (letzter Zugriff: 13.02.2022)

Statistisches Bundesamt (2021). *Bevölkerungsstand. Bevölkerung nach Staatsangehörigkeitsgruppen 2011 bis 2020.* (URL: https://www.destatis.de/DE/Themen/Gesellschaft-Umwelt/Bevoelkerung/Bevoelkerungsstand/Tabellen/bevoelkerung-staatsangehoerigkeitsgruppen.html (letzter Zugriff: 13.02.2022)

StBA – Statistisches Bundesamt (2020). *Bevölkerung und Erwerbstätigkeit. Bevölkerung mit Migrationshintergrund: Ergebnisse des Mikrozensus 2020.* (URL: https://www.destatis.de/DE/Themen/Gesellschaft-Umwelt/Bevoelkerung/Migration-Integration/Publikationen/Downloads-

Migration/migrationshintergrund-endergebnisse-2010220207004.pdf?__blob=publicationFile (letzter Zugriff: 13.02.2022))

Sauer, M. (2016). *Politische und zivilgesellschaftliche Partizipation von Migranten.* In: Brinkmann H.
U. & Sauer M. (Hrsg.): Einwanderungsgesellschaft Deutschland. Entwicklung und Stand der Integration. Springer, Wiesbaden.

Wahlbrühl, U. (2021). *Politische Partizipation von Migrant*innen.* In: Bätge, F. et al. (Hrsg.): Kom-
munale Politik und Verwaltung. Politische Partizipation. Springer, Wiesbaden. S. 133-148

Weinmann M. et al. (2012). *Einbürgerungsverhalten von Ausländerinnen und Ausländern in
Deutschland sowie Erkenntnisse zu Optionspflichtigen:* Ergebnisse der BAMF-Einbürgerungsstudie
2011. Forschungsbericht 15 (URL: https://www.bamf.de/SharedDocs/Anlagen/DE/Forschung/For-
schungsberichte/fb15-einbuergerungsverhalten.pdf?__blob=publicationFile&v=13 (letzter Zugriff:
12.02.2022)

BEI GRIN MACHT SICH IHR WISSEN BEZAHLT

- Wir veröffentlichen Ihre Hausarbeit,
  Bachelor- und Masterarbeit

- Ihr eigenes eBook und Buch -
  weltweit in allen wichtigen Shops

- Verdienen Sie an jedem Verkauf

Jetzt bei www.GRIN.com hochladen
und kostenlos publizieren